www.ingramcontent.com/pod-product-compliance
Lightning Source LLC
Chambersburg PA
CBHW031943070426
42450CB00006BA/779
* 9 7 8 6 0 0 1 7 5 9 6 6 6 *

به‌نام خدا

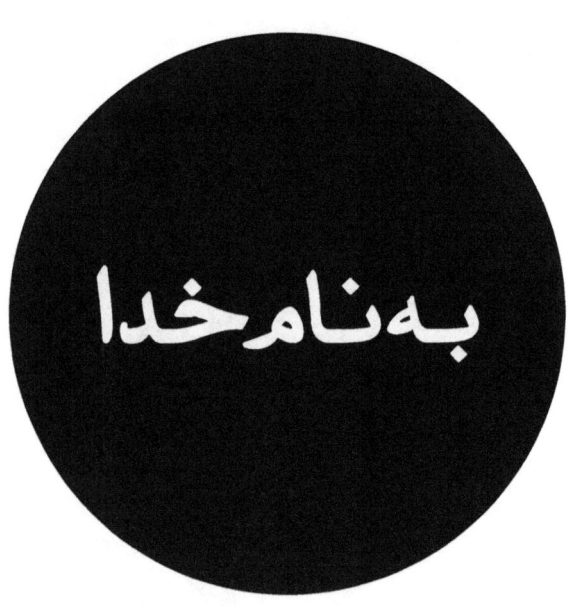

اللهم صل على محمد وآل محمد

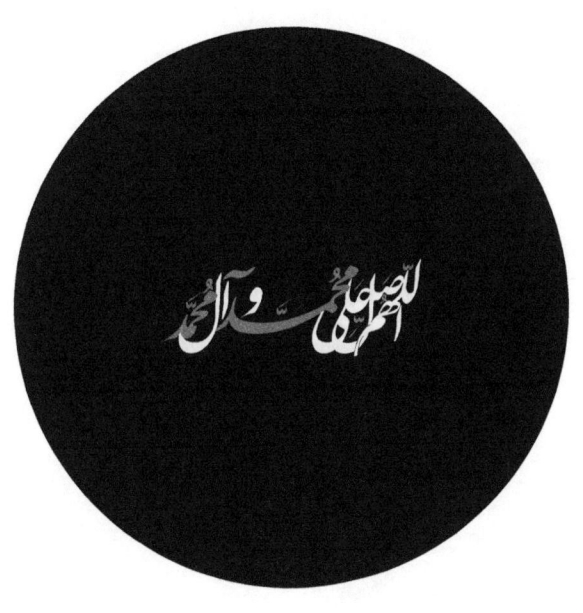

فستیوال خنجر

مجموعه اشعار طنز سید حسن حسینی

به کوشش اسماعیل امینی

انتشارات سوره مهر (وابسته به حوزه هنری)

دفتر طنز

فستیوال خنجر

مجموعه اشعار طنز سیدحسن حسینی

به کوشش اسماعیل امینی

ویراستار: محبوبه قاسمی ایمچه

طراح جلد: افسانه آسایش

اچ اند اس مدیا: تحت امتیاز انتشارات سوره مهر
چاپ بر اساس تقاضا: ۱۳۹٤
شابک: ٦-٩٦٦- ١٧٥ -٦٠٠-٩٧٨

نقل و چاپ نوشته‌ها منوط به اجازه‌ی رسمی از ناشر است.

سرشناسه: حسینی، سیدحسن، ۱۳۳۵ - ۱۳۸۳.
عنوان و نام پدیدآور: فستیوال خنجر: مجموعه اشعار طنز سیدحسن حسینی/به کوشش اسماعیل امینی؛ [برای] دفتر طنز[سازمان تبلیغات اسلامی، حوزه هنری].
مشخصات نشر: تهران: شرکت انتشارات سوره مهر، ۱۳۹۲.
مشخصات ظاهری: ۱۲۰ص.
ISBN: 978 -600-175-966-6
وضعیت فهرست نویسی: فیپا
موضوع: شعر فارسی -- قرن ١٤
موضوع: شعر طنزآمیز -- قرن ١٤
شناسه افزوده: امینی، اسماعیل، ۱۳٤۲ -، گردآورنده
شناسه افزوده: شرکت انتشارات سوره مهر
شناسه افزوده: سازمان تبلیغات اسلامی. حوزه هنری. دفتر طنز
رده بندی کنگره: ۱۳۹۲ ۵ف۱٦۳ ٩٦٤۳س/ PIR۸۰۲۲
رده بندی دیویی: ۸فا۱/٦۲
شماره کتابشناسی ملی: ۳۳۵۷۰۵۲

نشانی: تهران، خیابان حافظ، خیابان رشت، پلاک ۲۳
صندوق پستی: ۱۱۴۴-۱۵۸۱۵
تلفن: ۶۱۹۴۲ سامانه پیامک: ۳۰۰۵۳۱۹
تلفن مرکز پخش: (پنج خط) ۶۶۴۶۰۹۹۳ فکس: ۶۶۴۶۹۹۵۱
www.sooremehr.ir

سرآغاز

سید حسن حسینی، افزون بر سرودن شعر، که در آن سرآمد اقران خویش بود، در پژوهش و نقد و ترجمه و نثرنویسی نیز آثاری ارزشمند دارد.

یکی از ویژگی‌های بارز آثار او خلاقیت و راهگشایی و پیمودن راه‌های تازه و هموار کردن سنگلاخ‌هاست.

در طنزنویسی، اگرچه به اندازهٔ سرودن شعر درنگ نکرد، دو مجموعهٔ مستقل، یکی نوشدارویِ طرح ژنریک، و دیگری براده‌ها، فراهم آورد که نشان‌دهندهٔ شناخت او از طنز و نیز جدّیت او در نگاه به این شیوهٔ سخنوری است.

اما، طنزآوری سید حسن حسینی به این دو مجموعه منحصر نمی‌شود؛ اگر نیک بنگریم در میان شعرهای دیگر او نمونه‌هایی درخور

تأمل از نگاه طنزآمیز خواهیم یافت. این رسمِ دیرینِ شاعران بزرگ است که در جدّی‌ترین سروده‌ها و در ژرف‌تَرین لحظات اندیشه و تجربهٔ شاعرانه به طنز روی می‌آورند.

به این چند بیت، که از کتاب سفرنامهٔ گردباد نقل می‌شود، بنگرید:

خدا را به طبل خدا کم زنید
فزون می‌شود شور شیطانی‌ام

■

کجایی ای عطش اندیشه، سقراط حقیقت‌نوش
برادرها برایت شوکران در ساغر آوردند

■

رحمت و راحت عالم ثمر نادانی‌ست
دو جهان لعنت و نفرین به خردمند شدن
مایهٔ خندهٔ آکنده ز اشکی‌ست روان
چون مسیحای دل ما خرِ لبخند شدن

■

اگرچند قحط گل است و نسیم
به لب گرچه مشکل نفس می‌رسد
فراوانی است و فراوانی است
به هر مرغ چندین قفس می‌رسد

سید حسن حسینی شاعری آرمان‌گراست؛ او با چراغ سخن به جست‌وجوی انسان برخاسته است و هر گذرگاه و کوچه‌ای را می‌گردد و هر چه بیشتر می‌گردد کمتر می‌یابد، اما ناامید نمی‌شود جز آن هنگام

که به مدعیان دروغین می‌رسد و در برابر داعیه‌های پوچ برمی‌آشوبد و فریاد برمی‌آورد و گاه این خشم و خروش را در لبخندی گزنده و یا استهزائی کوبنده و نافذ نمایان می‌سازد:

بی‌مرامی در بساط کفر و دین آتش زده‌ست
سبحه و زنّار را هم جیره‌بندی کرده‌اند
باد سردی هم نصیب مردم مأیوس نیست
آه بی‌مقدار را هم جیره‌بندی کرده‌اند

آرمان‌گرایی و کمال‌جویی در اندیشه و شعر حسینی به گونه‌ای نیست که با خوش‌خیالیِ وضع موجود عالم و آدم را همان وضع مطلوب بپندارد و در آراستن چهرهٔ مدعیان دروغین کمال و دیانت هنر خویش را به کار بندد.
سید حسن حسینی از فرازی به جهان می‌نگرد که هر چیز و هر کس در منظر او با آنچه از وضعیت انسان آرمانی انتظار می‌رود سنجیده می‌شود و، در این سنجش، میان ادعا و عمل، درون و برون، گفتار و کردار، و، در یک کلام، آنچه هست و آنچه شایسته است فاصلهٔ هولناکی پدیدار می‌شود که دست‌مایهٔ اصلی طنز است. همچنان‌که اهل مداهنه و مجامله می‌کوشند منکر این فاصلهٔ هولناک شوند و از منظر ایشان هر داعیه‌ای راهی به حقیقت می‌یابد و هر مدعی بهره‌ای از کمال دارد.
در نقطهٔ مقابل این نگاه اهل مداهنهْ نگاهِ طنزآمیز است که پرده از چهرهٔ این فریبکاری برمی‌دارد و تناقض میان ادعا و عمل را با هوشمندی و شیوایی بیان می‌کند.

اما دربارهٔ این مجموعه، که به نام «فستیوال خنجر» فراهم آمده، چند نکته گفتنی است:

۱. این سروده‌ها را خانوادهٔ سید حسن حسینی گرد آورده‌اند و اغلب آن‌ها پیش‌تر منتشر نشده است.

۲. این شعرها از میان دست‌نوشته‌های شاعر انتخاب شده و نقطهٔ اشتراک آن‌ها نگاه و بیان طنزآمیز است.

۳. برخی از سروده‌ها شاید، از حیث شیوایی سخن، در پایهٔ سروده‌هایِ دیگر شاعر نباشد، اما برای رعایت امانت، به همان صورت که در دست‌نوشته‌ها آمده منتشر می‌شود؛ هرچند اگر سید در میان ما بود، با آن وسواس و نگاه نافذ، شاید آن‌ها را بازنویسی می‌کرد.

۴. سه یادداشت دربارهٔ طنزهای سید حسن حسینی در سال‌های گذشته نوشته‌ام که پس از این مقدمه خواهد آمد.

این مجموعه می‌تواند راهگشای شناخت اندیشه و نگاه سید حسن حسینی و نیز نوع تلقی او از طنزآوری باشد و ادامهٔ منطقی طنزآوری‌های پیشین او در آثار منتشرشده‌اش تلقی می‌شود.

از خانوادهٔ محترم حسینی، که با حسن اعتماد، بازنگری و نظارت بر تدوین این مجموعه را به من سپردند، سپاسگزارم و نیز از دفتر طنز حوزهٔ هنری و دوست ارجمندم، جناب ناصر فیض، که در انتشار شایستهٔ این کتاب مساعدت داشتند.

دریغا که هنگام خواندن این اشعار، اگر لبخندی بر لب می‌آوریم، به یادمان می‌آید که سید حسن حسینی در کنارمان نیست تا افزون بر بهره‌ای که از شعرهای او نصیبمان می‌شود، از حرف‌هایش، از سکوتش، از لبخندش، از اخمش و از خشمش، از دانش و مهربانی و برادری‌اش بیاموزیم و سرشار شویم!

اسماعیل امینی

تیرماه ۱۳۹۱

دهان‌های رسمی چیزی برای گفتن ندارند
طنز در شعر سید حسن حسینی

نوشدارُوی طرح ژنریک مجموعه‌ای است از سروده‌های کوتاه سید حسن حسینی که طنز و انتقاد وجه غالب اشعار آن است. در این شعرها، تاجر، عارف، زاهد، و شاعر بازیگران اصلی‌اند.

تاجر بیانگر حرص و حسابگری و منفعت‌خواهی است و عارف نمادی از نمایش‌های معنوی و داعیه‌های کشف و شهود. زاهد مدعی دیانت و پرهیز است، اما در واقع روحش از دنیاطلبی تاجرانه آکنده است. شاعر در این میان سرگردان است؛ گاهی وام می‌گیرد و شعرش آرام می‌گیرد، گاهی خم می‌شود و نوکر قبلهٔ عالم می‌شود، ولی گاهی:

شاعر تشنه/ ز دریا می‌گفت/ اهل بیت سخنش را/ به
اسارت بردند.

باری، در نوشداروی طرح ژنریک سید حسن حسینی، بیش از هر چیز، در ستیز با نیرنگ و ریا و ابراز دیانت نمایشی، گزندگی طنز را به کار می‌بندد.

اما طنز در شعرهای دیگر سید حسن حسینی، با آنکه فراوان است، چندان شناخته‌شده نیست. از شعرهای سالیان دور او نظیرِ

خورشید تبعیدی به زندان افق بود
شب در هجوم بال خفاشان قرق بود
دیو پلیدی مظهر تلواسهٔ شب
می‌خورد مغز اختران در کاسهٔ شب
تا ذهن باغ از رویشی لبریز می‌شد
تعبیر خوابش یورش پاییز می‌شد

که ترسیم وضعیتی تلخ اما طنزآمیز و مضحک است تا شعرهای تازه‌تر او که پس از گذر سالیان از یک موقعیت تلخ و طنزآمیز دیگر سخن می‌گوید:

ز بس فتنه از پیش و پس می‌رسد
به‌سختی مجال نفس می‌رسد
صف‌آرایی لشکر عاشقی
به فرماندهان هوس می‌رسد
اگر چند قحط گل است و نسیم
به لب گرچه مشکل نفس می‌رسد
فراوانی است و فراوانی است
به هر مرغ چندین قفس می‌رسد

طنز در شعرهای اخیر سید حسن حسینی، افزون بر جنبهٔ اجتماعی و آرمان‌گرایانه، گاهی نگاهی است به درون انسان و تناقض‌ها و دگرنمایی‌های آن.

در کتاب ملکوت سکوت، که فراهم‌آمده از شعرهای منتشرنشده است و زیر نظر یار دیرین او، قیصر امین‌پور، در بهار ۱۳۸۵ منتشر شد، گونه‌های تازه‌ای از طنزآوری سید حسن حسینی را می‌توان یافت.

با آنکه مبانی اندیشهٔ شاعر دگرگون نشده، نوع نگاه او به انسان و جهانْ عمیق‌تر و، البته، رندانه‌تر است و حاصل این نگاهْ طنزی تفکربرانگیز است.

نمونه‌هایی از این دست شعرها را بازمی‌خوانیم:

اگر باورت نیست/ بیا و ببین پوزه‌های منظم/ ـ چه بی‌رحم ـ/ با زوزه‌های مقفّی/ جگرگوشه‌های مرا پاره کردند.

این شعر برای استهزاءِ متشاعران موزون و مقفّاست.

در شعر «خاکستر و خنده» از فرونشستن آتش و گستردن و برچیدن سفرهٔ غنائم سخن می‌گوید:

در ویرانه خفته بودیم/ در بستری که پیش‌تر آتش بود و/ اینک خاکسترش با چشمْ شوخیِ شومی داشت/ طوفان فرونشسته بود/ و دلزدگی به کردار گردبادی سرد/ میانداری می‌کرد/ وقت آن بود که دندان‌ها خلال شود/ و سفره برچیده.

دربارۀ این گردباد، که میاندار است، در شعری دیگر می‌گوید:

سردرگم باید/ به گردباد اقتدا کرد

در شعرِ «در شگفت باش» نگاهی طنزآمیز به خویش دارد:

در شگفت باش/ این حماسۀ چروک‌خورده از رستمی که عینکش را/ گوشۀ دامنت/ جام‌جم می‌کند/ و گاهی/ غیاب یک نخ سیگار/ ـ چون حضور دیو سپید ـ/ پشت طاقتش را/ پیش چشم‌های حیرت‌زده‌ات/ خم می‌کند.

همین شکستن پشت قهرمانان و درماندگی اسطوره‌ها در چنبرۀ زمان دست‌مایۀ طنزهای دیگری در شعرهای این کتاب است:

سیمرغ‌های یخ‌زده را دیدی/ جرمشان/ تلفظ نابهنجار حرف قاف بود/ زمان/ زمانِ اسطوره‌های دست هزارم است/ و حماسه‌های نیمدار/ بازار روز را/ اشغال کرده‌است...

در شعر «اسطوره در گرانی کاغذ» به همین وضعیت مضحک اشاره دارد:

اسطوره‌ای که در لباس کارمندی/ غرق شد/ و پشت دیوار کتاب‌های حماسی/ منتظر ماند!...

در شعر «ناممکن‌ها» به تنگنای روزگار و دشواریِ سخن گفتن طعنه می‌زند:

ناممکن است/ با واژه‌های نقابدار/ از رازهای برهنه گفتن/ واژه‌های کتک‌خورده/ با زیرچشم‌های کبود/ ... / اینجا حتی ممکن/ ناممکن است/ و سکوت/ واجب.

در شعر «آرزو» از همین وضعیت ناگوار به بیانی دیگر حرف می‌زند:

دلم از هجاها گرفته است/ و از کلمات/ این تابوت‌های کهنه و خالی/ خسته‌ام از دهان‌های رسمی/ که چیزی برای گفتن ندارند/ و نهفتن آفتاب را/ خمیازه می‌کشند.

سید حسن حسینی در شعرهایش نگران انسان است؛ انسان که سرآمد آفریدگان است و از ملکوت خویش به پست‌ترین پست فروافتاده است. بیان همین ناسازگاری میان وضع موجود و صورت مطلوب انسانی دست‌مایهٔ اصلی طنزآوری‌های اوست.

برای پایانِ این نگاه اجمالی به طنز در شعرهای او بخش پایانی شعری را نقل می‌کنم که در اندوه انسان است:

افسوس/ کسی بی‌قید و شرط/ حرکت شایسته‌ای به نام شکوهمندش نداد/ و در غیابش/ خطاب به نیستی/ حرفی شبیه به کردار/ این‌گونه بر زبان نیاورد:/ انسانْ همیشه مبتدای بی‌خبری‌هاست!

گفتن و نگفتن
اشاره

گزافه نیست اگر عصر جدید را «عصر نمایش» بنامیم، از آن رو که در غیاب معنویتْ مرز میان «واقعیت موجود» و «حقیقت مطلوب» مخدوش است و آرام ساختن و اقناع وجدان فردی و جمعی در برابر ناهمواری‌ها و بی‌رسمی‌ها، که در دوران سنّتی بر عهدهٔ نهادهای اجتماعی خاص بود و گونه‌های مختلف فریب و تخدیرْ بیداری وجدان‌ها را به تأخیر می‌انداخت، اینک در عصر تجدد بر عهدهٔ صورت‌های نوین و پیچیدهٔ فریب است که گسترش و نفوذی عجیب یافته تا آنجا که اعتیاد به فریب و حتی خودفریبی جایگزین مقاومت وجدانی و اندیشهٔ بیداری شده است و، به این ترتیب، قربانیان فریبکاری به پای خویش و بلکه با اصرار و پی‌گیری به دام فریبکاران و نمایشگران می‌افتند.

عصر جدیدْ عصر بازیگری و نمایش است. در جوامع برخوردارْ اشتغال به انواع بازی‌ها و بازیچه‌ها جایگزین عواطف انسانی و خلوت تأمل و تفکر است و در جوامع محرومْ نمایشِ ترحم‌برانگیزِ تظاهر به رفاه و فربهی از تنعماتْ بازیچهٔ اصلی است؛ چیزی نظیر حکایت آن مرد لافی در مثنوی معنوی و چرب کردن لب و دهان و سبیل با دنبه‌ای که روزی گربه آن را می‌رباید و مرد لافی را رسوا می‌کند.

در جوامع سنّتیْ نمایش اصلی آمیزه‌ای است از بازی‌های گوناگون و مضحک‌ترین بازی‌ها تظاهر به وفاداری به اصول و حفظ سنّت‌ها و باورمندی‌هاست، زیرا، با آنکه شرایط عینی این باورمندی متظاهرانه فراهم نیست، شرایط ذهنی و پیشینهٔ تاریخی و فرهنگی و دلبستگی‌های فردی و اجتماعیْ بازیگران ریاکار را به ایفای این نقش شگفت و خنده‌آور وادار می‌سازد.

برای هنرمندی اهل سخن، اندیشه و آفرینش، نظیر سید حسن حسینی، با آن نگاه نافذ و جست‌وجوگر، این نمایشِ مضحکْ تماشایی‌تر و شگفت‌تر است و، البته، مناسب‌ترین دست‌مایهٔ طنزآوری و شوخ‌طبعی را فراهم می‌آورد. اگرچه نوع نگاه سید حسن حسینی به این بازی متناقض نشان‌دهندهٔ آن است که این معرکه جز برای خلقِ پوزخندی، به طعنه و تمسخر، چندان مایه‌ای نداشته است تا جدّیتی از سر تأمل بیافریند. بازیگران آشنایی که در طنزآوری‌های سید حسن حسینی به نمایش و دگرنمایی مشغول‌اند چندان جدّی تلقی نمی‌شوند تا به عمق اندیشهٔ او راهی بیابند؛ گویی رسوایی و خنده‌ناکی این بازی چندان نمایان است که شاعر جز از سر مطایبه و تفنّن به آن نمی‌نگرد.

«شاعر»، «تاجر»، «زاهد»، و «عارف» ـ بازیگران اصلی این نمایش ـ افزون بر آنچه در عالم واقع‌اند، در طنزآفرینی‌های سید حسن

حسینی، به اقتضای مضامین و ضرورت‌های شوخ‌طبعانه، نقش‌هایِ مختلفی ایفا می‌کنند.

در این میان «شاعر» جایگاهی دیگرگون دارد. شاعر در نوشداروی طرح ژنریک هم تصویری مطلوب از مفهوم شاعر را ترسیم می‌کند و هم بازیگری را که در چهرهٔ شاعر می‌نماید و در اصل تاجر و زاهدی ریایی است:

شاعری بار امانت نتوانست کشید/ تکیه بر بالشی از عرفان داد/ تاجری اهل سلوک/ با سلاح خودکار/ پای منقل جان داد

پیوستن «بالش عرفان» به «پای منقل» و «سلاح خودکار!» نشان می‌دهد که آن شاعرْ همین تاجر اهل سلوک است که شانه از زیر بار امانت خالی کرده و بر «بالش عرفان» لم داده است.

اما شاعر مطلوب نوشداروی طرح ژنریک نیز تنها امیر سرزمین سخن است و در برابر ناهمواری شرایط بیرونی کار چندانی از او برنمی‌آید:

شاعری وارد دانشکده شد/ دم در/ ذوق خود را به «نگهبانی» داد!

این شعر کوتاه بیان مؤثری است از فاصله میان ادبیات خلّاق و ادبیات آکادمیک. هوشمندی سید حسن حسینی در تصویرگری بی‌طرفانهٔ موضوع است؛ گویی دلش با شاعر همراه است و منطقش با اهل دانشکده ـ که ذوق شاعرانه را برنمی‌تابند.

در شعر «عطش و دریا» نیز نمونهٔ دیگری از ناسازگاری شرایط با روحیات شاعر را می‌بینیم:

شاعر تشنه/ ز دریا می‌گفت/ اهل بیت سخنش را/ به اسارت بردند!

در این شعر تناسب تلمیحی میان کلمات ـ «تشنه»، «دریا»، «اهل بیت»، «اسارت» ـ با تکیه بر حادثهٔ کربلا پدید آمده است و بهره‌مندی از این تناسب در ساختار طنز متضمن تعریضی است به آنان که بر شاعر چنین جفایی روا داشته‌اند، که طبعاً در ادامهٔ همان فضای تلمیحی نقش «قوم اشقیا» و لشکر کوفه را خواهد داشت.

این شیوهٔ «گفتن و نگفتن» در طنزآوری‌های رندانهٔ سید حسن حسینی روشی است برای ابهام‌آفرینی تا گزندگی و دافعهٔ مستقیم‌گوییْ شعر را به شعار بدل نکند و نیز ظرفیت تأویل‌پذیری شعر را برای مخاطبان خاص گسترش دهد. بهره‌گیری از ایهام در نمونهٔ زیرْ گونه‌ای از همان «گفتن و نگفتن»هاست:

شاعری رهرو بود/ جهت قبله‌نما را می‌دید/ منکران طعنهٔ تکفیر زدند:/ از چه رو سیر مقامات نکرد!

«مقامات» در تناسب با «رهرو» و «قبله‌نما» به فرهنگ تصوف پیوند می‌خورد و در تناسب با «منکران طعنه‌زن» و نیز شرایط زمانیْ به صاحبان مناصب اشاره دارد.

در شعر «طریقت نو» جناس در کلمهٔ «مرغ» همین نقش را ایفا می‌کند:

زاهدی نوبنیاد/ راه و رسم عرفا پیشه گرفت/ لنگ مرغی برداشت/ و به آهنگ حزین آه کشید:/ «مرغ باغ ملکوتم نی‌ام از عالم خاک!»

اسامی و عناوین رندانهٔ برخی از شعرها نیز بخشی از «گفتن و نگفتن» و طنز و تعریض مورد نظر شاعر را فراهم می‌آورند، مانند شعر «براعت استهلال»:

تاجری/ مجلس تفسیر گذاشت/ ابتدا/ فاتحه بر قرآن خواند!

در این شعر تأویل‌پذیری حاصل از «فاتحه خواندن» در کنار نام شعر «براعت استهلال» گزندگی و تلخی طنز را تقویت می‌کند.
در شعر «تسلسل» نیز سهمی از نیروی طنزآفرینی شعر در نام آن نهفته است:

و زمین می‌گردید/ شاعری می‌پژمرد/ عارفی جان می‌داد/ زاهدی غسل جنابت می‌کرد!/ و زمین می‌گردید...

تناقضی که میان لازمهٔ معنای «زاهد» و «غسل جنابت» وجود دارد، از نظر شگردهای طنزآفرینی، درخور تأمل است. در شعر «حضرت علامه!» نام‌گذاری شعر بخشی از شعر است که بدون آن معنای شعر ناقص است:

حضرت علامه!
به عمل کار برآید/ به سخنرانی نیست!

مروری گذرا بر شیوهٔ نام‌گذاری شعرها در نوشداروی طرح ژنریک نشان می‌دهد که در این شعرهای کوتاه و، به تعبیر شاعر، این «شعرک‌ها»، در اصل، شاعران هم به عنوان موضوع و مضمون و هم به عنوان مخاطبان اصلی مطرح‌اند، به این ترتیب که بسیاری از عناوین از اصطلاحات و تعابیر مربوط به شعر و شاعری انتخاب شده‌اند، نظیرِ «ذکر جمیل سعدی»، «شعر جهانی»، «اندراج»، «توارد»، «تقطیع»، «گَله و صله»، «تفأل»، «براعت استهلال»، «مراعات نظیر»، «نقد ادبی» و... . به همین سیاق، بخش مهمی از شگردهای طنزآفرینی در این مجموعه فراهم‌آمده از فنون بلاغت و صناعات ادبی است:

شاعری را یک روز/ زیر بازارچه شلاق زدند/ ژنده‌پوشی سبب واقعه را جویا شد/ کافهٔ اهل تجارت گفتند:/ لفظ «بازار» گرامی بادا!/ و قلم‌های موسوس نابود!/ «مردم‌آزار» کجا/ قافیه با «بازار» است؟!

در این شعر، افزون بر مضحک بودن واقعه، که مجازات شاعر در زیر بازارچه است، معانی پنهان در شیوهٔ سخن گفتن اهل تجارت و نیز دوستان و دشمنان شاعر، که در واقع بخش ناگفتهٔ واقعه است، بار اصلی اندیشه و طنز را بر دوش می‌کشد. در «شعر جهان» از تلمیح به سخن سعدی در گلستان برای طعنه زدن به شاعر شعر جهانی استفاده شده است:

شاعری شعر جهانی می‌گفت/ هم بدان گونه که می‌افتد و دانی می‌گفت!

بگذارید سخن سعدی را در گلستان بازبخوانیم تا طنز و تعریض نهفته در این شعر آشکارتر شود:

در عنفوانِ جوانی، چنان که افتد و دانی، با شاهد پسری سری و سرّی داشتم...

اما همهٔ هنر طنزآوری سید حسن حسینی از این گونه نیست که البته به اقتضای مضمون ناگزیر باید از صراحت و دسترس مخاطب عام دور باشد و دریافتِ ظرایف و لطایف آن مستلزم دانش ادبی و غنای مطالعاتی و فرهنگی باشد بخشی از شعرهای این مجموعه از نظر درک و دریافت طنز و شوخی نهفته در کلماتْ سهل‌تر می‌نمایند، مانند شعر «آرامش»

شاعری/وام گرفت/شعرش آرام گرفت

یا شعر «تعاون»:

می‌توان فرض گرفت/شاعری ارز گرفت.../تاجری مسئله را درز گرفت!

جست‌وجو و تأمل در شعرهای نوشداروی طرح ژنریک، بی‌اغراق، به منزلهٔ طی یک دورهٔ آموزشیِ آشنایی با معانی و بیان و بدیع و تکنیک‌های طنزپردازی و شوخ‌طبعی است و این مجموعهٔ کوچک، که متن اصلی آن در حدود پنجاه صفحه است، مصداق «بحر در کوزه است». با آنکه، به تعبیر سید حسن حسینی، «دوغ و دوشاب» در آن به گونه‌ای از هم‌زیستی مسالمت‌آمیز دست یافته‌اند، همین شعرهای کوتاه

و گاه شتاب‌زدهٔ قلم‌انداز به اندازهٔ کافی نشانه‌های دانش و هوشمندی و خلاقیت و رندی شاعر را در خود دارند، یعنی همان ویژگی‌هایی که مقدماتِ لازمِ طنزآوری و شوخ‌طبعی است.

سید حسَن حسینی خود در معرفی این مجموعه می‌نویسد:

> سروده‌های مستقل و، در عین حال، به‌هم‌پیوسته‌ای که در ادامه می‌آید حاصل یک دورهٔ چندروزه است؛ تلاشی است برای گنجاندن طنز و فکاهه با زبانی ساده و در قالب نیمایی... سراینده خود پیشاپیش معترف است که در این شعرک‌ها دوغ و دوشاب به گونه‌ای از هم‌زیستی مسالمت‌آمیز دست یافته‌اند. امید که این هم‌زیستی ساده در چشم سخت‌گیران این وادی چندان دشوار جلوه‌گر نشود. و حرف آخر اینکه این ترکش‌های شعری از دل برآمده است. باشد که بر گل فرود نیاید.

اگر بر آنیم که این حرف آخر شاعر فقید، سید حسن حسینی را به کرسی بنشانیم و نگذاریم که ترکش‌های شعری از دل برآمدهٔ او بر گل فرود بیاید، ناگزیر باید در بازخوانی و تحلیل و تفسیر و کشف لطایف و ظرایف و زیبایی‌های نهفته در آن‌ها بکوشیم تا در این زمانهٔ شتابزدگی و گریز از خلوت و تأمّل مجالی برای خوانندگان و علاقه‌مندان شعر او فراهم آید و شناختی عمیق‌تر و البته التذاذ هنری پایدارتری از آثار او حاصل کنند. دریغ که این همه بی حضور ارجمند و دلگرم‌کنندهٔ صاحب آن روح جست‌وجوگر و اندیشمند و آفریننده است!... دریغ!

گلِ این باغ با داغ تو خندید

تأملی در مجموعه شعر سفرنامه گردباد سروده سید حسن حسینی، از منظر طنزآوری

سید حسن حسینی قرن جدید را «قرن دو هزار به علاوه یک» می‌نامد و به آن قرنِ غم‌های حقیقی و دل‌خوشی‌های مجازی می‌گوید. همین تضاد میان «غم‌های حقیقی» و «دل‌خوشی‌های مجازی» است که شاعر اندیشمند این روزگار را به طنزآوری ترغیب می‌کند. این‌گونه طنزآوری اگرچه بیان خنده‌ناکی سوانح جهان است، اندوه و تأثر در آن پُررنگ‌تر از خنده است:

قرن طوفان تباهی
قرن باران سیاهی
گریه‌های از ته دل
خنده‌های اشتباهی

طنز و گونه‌های دیگر شوخ‌طبعی و مطایبه همواره ملازم خنده و شادمانی و نشاط بوده‌اند. اما گاهی خندیدن بر تلخی و هولناکی واقعیت‌ها مقدمه‌ای است برای بازنگری و ژرف‌اندیشی در رخدادهای جهان.

امروز به گونهٔ دیگری هم می‌خندیم؛ این‌گونه خندیدن یکی از عزیزترین کشف‌های انسانی معنویت عصر ماست و آن نه سخن گفتن است از آنچه خنده‌ناک است، بلکه خنده‌ناک سخن گفتن است از آنچه سخت غم‌انگیز است. بنابراین، خنده‌ناکی در شیوهٔ بیان است نه در مسائلی که بیان می‌شود؛ از این روست که آن را باید هنر واقعی نامید. (زرویی نصرآباد، ۱۳۷۴، ص ۱۵۶، به نقل از کتاب هنرِ دکتر علی شریعتی)

این نکته نیز گفتنی است که میان طنز فاخر و دردمندانه و اندیشهٔ دینی پیوندی عمیق برقرار است. کی‌یر کگور (۱۸۱۳ـ۱۸۵۵)، بنیان‌گذار فلسفهٔ اصالت وجود (اگزیستانسیالیسم)، در این باره می‌نویسد:

طنزْ آخرین مرحلهٔ تعمق وجودی قبل از رسیدن به ایمان است. فرق طنز و هجو این است که طنز، برخلاف هجو، از همدردی خالی نیست. کسی که با وارستگی و اعتزالْ کار و بار و جنب‌وجوش مورچه‌وار بشر خاکی را نظاره می‌کند همهٔ چیزهای عادی به نظرش غریب و مضحک می‌آید؛ خواب‌گردانی را می‌بیند که، از خدا و از خویش بی‌خبر، به هر سو خرامان‌اند و هر چه نظرگاهش رفیع‌تر باشد

جنبه‌های مضحک بیشتری را خواهد دید. والاترین و بالاترین این نظرگاه‌ها نظرگاه دینی است. انسان متدین بیش از هر کس دیگری می‌تواند به بوالعجب‌کاری آدم و عالم بخندند...

در این نوشته نمونه‌هایی از طنزآوری سید حسن حسینی، شاعر توانمند انقلاب، در مجموعه شعر سفرنامهٔ گردباد خواهد آمد. دریغ که این مجموعه شعر در فقدان آن روح سحرزاد و آن نگاه جست‌وجوگر به دست دوستدارانش رسید.

۱) اتفاق خنده بر لب
غربت گل در صحاری
پیش‌کش‌ها: مرگ مرهم
ارمغان‌ها: زخم کاری
قرن تنهایی و تلخی
فصل فقر و نامرادی
گورهای دسته‌جمعی
خانه‌های انفرادی

این تصویر هولناک از تقابل «گورهای دسته‌جمعی» و «خانه‌های انفرادی» نشانه‌هایی است از نکته‌سنجی‌هایِ خاصِ سید حسن حسینی در بیان شاعرانه.

۲) گفتند: از مجازْ پلی تا حقیقت است
دردا که عمر عاشقی‌ام روی پل گذشت!

بیت اشاره‌ای دارد به این سخن که «المجاز قنطرة الحقیقه» و آن‌گاه بهره‌مندی از ظرفیت تصویری این تمثیل برای ترسیم موقعیت طنزآمیز انسان در سرگردانی میان حقیقت و مجاز در عشق.

۳) ندارم سر سجده بر بادها
بلند است اقبال پیشانی‌ام
بگو صورت سنگی روزگار
فریبد به لبخند سیمانی‌ام
از این پس عبور از دلم ساده نیست
که معمار پل‌های ویرانی‌ام
خدا را به طبل خدا کم زنید
فزون می‌شود شور شیطانی‌ام

تعبیرِ ایستادگی در برابر بادها نگاهی دارد به کلام مولا علی(ع) آنجا که انسان‌های سست‌عنصر را به پشه‌هایی تشبیه کرده است که با هر بادی به این سو و آن سو می‌روند تأکید بر سر فرونیاوردن در برابر بادهای نیرنگ، بلافاصله، با اشاره‌ای به لبخند فریبندهٔ روزگار کامل می‌شود و آن‌گاه شاعر از مصونیت خویش در برابر فریب‌های معنوی سخن می‌گوید و در انکار مقدس‌نمایی‌ها اشاره‌ای ملامت‌گرایانه به شور شیطانی خویش دارد.

خدا را به طبل خدا کم زنید
فزون می‌شود شور شیطانی‌ام

این‌گونه نگاه به مفاهیم معنوی و بهره‌گیری از بیان طنزآمیز برای نشان دادن فاصله میان اخلاص و ایمان با تزویر و مقدس‌نمایی، با توجه به آشنایی عمیق سید حسن حسینی با فرهنگ اسلامی و پیشینهٔ درخشان شعر فارسی، حاصلی ارجمند و درخور تأمل دارد.

دعا گر از دل بی‌درد جوشد
سر موج اجابت زیر آب است
گاهی با صراحت و تلخی و گزندگی؛
درد دینداری دکانی بیش نیست
در تن حق نیمه‌جانی بیش نیست
بحث آزادی در این شرب‌الیهود
در دل زخم استخوانی بیش نیست
تا بخوابد کودک آزادگی
این کشاکش‌ها تکانی بیش نیست

و گاه با بیانی کنایی و نگاهی به شیوه‌های شاعران سبک هندی:
پیش دنیا پشت دین شد منحنی

رستم ما را کمانی بیش نیست
جوهر قلابی قطع و یقین
سرمهٔ چشم گمانی بیش نیست

تو را از قتلگاه شعر و شور و دفتر آوردند
شهید من تو را از خاک‌ریزی دیگر آوردند
برای غربت گل هر چه خواندی ارغوانی بود

به رسم قدردانی از گلویت خنجر آوردند...
کجایی ای عطش اندیشه، سقراط حقیقت‌نوش
برادرها برایت شوکران در ساغر آوردند...
مراعات‌النظیر کهنگی‌ها را جلا دادند
گلی از مسلخ پروانه‌های پرپر آوردند

۴) تلمیحاتی که برآمده از فرهنگ دینی است موجب تعمیق معنایی و تأویل‌پذیری اشاره‌های طنزآمیز است:

بر فراز نیل‌های بی‌کسی موسای من
معبری گسترده جز پل‌های ویرانی ندید...
غیر بی‌ایمانی خالص، به‌جز تزویر محض
یوسفم از این برادرهای ایمانی ندید...
ای خدا، در مصحف چشم نکویان تو نیز
چشم حیرانم به جز آیات شیطانی ندید

■

دل من داشت سر قلهٔ الوند شدن
یعنی از خاک به پابوس خداوند شدن...
رحمت و راحت عالم ثمر نادانی‌ست
دو جهان لعنت و نفرین به خردمند شدن...
مایهٔ خندهٔ آکنده ز اشکی‌ست روان
چون مسیحای دل ما خر لبخند شدن...
نورچشمی شدن اَر در گرو کین علی(ع)ست
تف بدین‌گونه نظرکرده و دلبند شدن...
سالکا، کام تو شیرین و سلوک تو متین
از بخارای تملق به سمرقند شدن!

■

دل به دریا زدم به کف هرگز
ساز گوهر زدم، صدف هرگز...
درد با عیسی سلف گفتم؟
نعل کردم خرِ خلف؟ هرگز
گوش دشنام‌خورده‌ام نشنید
غیر فرمان لاتخف هرگز
زیر گوش دلم ولی گفتم:
بی‌طرف باش! بی‌شرفْ هرگز!

۵) سید حسن حسینی، با بیان نافذ و طنز گزندهٔ خویش، در برخی ابیات، داعیه‌داری پوچ، و به تعبیری، پهلوان‌پنبه‌ها (دن‌کیشوت‌ها) و نقش‌آفرینان حماسه‌هایِ دروغین و مضحک را آماج خویش کرده است و البته در این میان، با جوانمردی و خاکساری، خود را نیز از هجوم انتقاد و بازخواست مصون ندانسته است:

به نام تو افسانه پرداختیم
در افسانه‌ها خانه‌ها ساختیم...
شگفتا! شنیدیم در صبحدم
هیاهوی شب را و نشناختیم
گلوگاه فریاد ما را درید
همان تیغ‌هایی که می آختیم
بخوان! قصهٔ آسیاب است و باد
و ما نیزه‌داران که می‌تاختیم...
قمار مقرر به پایان رسید
نگفتیم بردیم یا باختیم

به‌جز غفلت در این دنیا چه کردیم
به غیر از گم شدن پیدا چه کردیم
سوای دوستی با ماسوایت
خداوندا، خداوندا، چه کردیم...
کتاب عشق یکسر خواندنی بود
ولی ما حال با دیباچه کردیم
شهیدان آنچه می‌بایست کردند
نمی‌دانیم اما ما چه کردیم

گرگ شد میش زبان‌بسته که نازش کردیم
غسل در جاری خون کرد، نمازش کردیم...
خوی شب‌پایی ما عصمت این مزرعه بود
خوابمان آمد و تسلیم گرازش کردیم
از تمنای رهایی به قفس افتادیم
دام ما بال و پری بود که بازش کردیم

و گاهی گلایه‌ای کنایه‌آمیز از حریفان و یاران تنگ‌نظر:

چون چشم ندارند هماورد ببینند
همواره بر آن‌اند که نامرد ببینند
در کوچهٔ یلدایی تاریخ دلت را
چون شب‌پره خواهند که ولگرد ببینند
از درد و رگ درد مزن دم که حریفان
خواهند تو را بی‌رگ و بی‌درد ببینند
کابوس شگفتی‌ست که بیراهه‌نشینان

از راه نپیموده رهاورد ببینند...
امید من آن است که در آینه یک روز
چون دیده گشودند کمی مرد ببینند!

در بیت اخیر بیان غیرمستقیم اگرچه از تلخی سخن کاسته، تأثیر نافذ طنز را مضاعف کرده است.

غزل «بوی خار» در تمام ابیات گلایه‌ای همراه با کنایه و طنز دارد:

نگرانم هم از نگاه شما
هم ز دیدار گاه‌گاه شما
چه کنم؟ بوی خار می‌شنوم
از گل و سبزه و گیاه شما
گوش یک‌رنگی‌ام نمی‌جوشد
با هیاهوی راه‌راه شما
هِق‌هِق تلخ من نمی‌خواند
با شکرخند و قاه‌قاه شما
نغمه‌ای گوشه‌گیر و محزونم
خارج از شور دستگاه شما
سر من خاکسار آتش شد
باد پیچید در کلاه شما
دلو را پُر ز خون یوسف کرد
لانهٔ گرگ بود چاه شما

۶) در غزل «فراوانی» توصیفی از وارونگی روزگار آمده که در

برخی ابیات با طنزی غافلگیرکننده همراه است.

ز بس فتنه از پیش و پس می‌رسد
به سختی مجال نفس می‌رسد...
صف‌آرایی لشکر عاشقی
به فرماندهان هوس می‌رسد
و میراث پرواز اوج عقاب
به بال علیل مگس می‌رسد
به فریاد مستان دل‌خسته نیز
عسس جای فریادرس می‌رسد
اگر چند قحط گل است و نسیم
به لب گرچه مشکل نفس می‌رسد
فراوانی است و فراوانی است
به هر مرغ چندین قفس می‌رسد!

در مثنوی «آب‌ها و مرداب‌ها» نیز، به تفصیل، از ناهمواری‌های زمانه وارونه سخن به میان آمده است و تقریباً همهٔ ابیات این مثنوی با طنزی گزنده و ستیهنده همراه است. چند بیت از این مثنوی را بازمی‌خوانیم:

ماجرا این است: کم‌کم کمیّت بالا گرفت
جای ارزش‌های ما را عرضهٔ کالا گرفت...
زیر باران‌های جاهلْ سقف تقوا نم کشید
سقف‌های سخت، مانند مقوّا، نم کشید...
اندک‌اندک قلب‌ها با زرپرستی خو گرفت

در هوای سیم و زرْ گندید و کم‌کم بو گرفت!
غالباً قومی که از جان زرپرستی می‌کنند
زمرهٔ بیچارگان را سرپرستی می‌کنند
سرپرست زرپرست و زرپرست سرپرست
لنگی این قافله تا صبحگاه محشر است!

۷) سید حسن حسینی که این بیان نافذ و این طنز ستیهنده و گاه پرخاشگر را در شعر خویش عرضه می‌کند در برابر شعرهای بی‌بنیان و شاعران خونسرد و منفعل نیز از نیش و کنایهٔ طنز بهره می‌برد.

دیدهٔ ناباورم هم در بساط شاعران
جز رجزخوانی، نشانی از غزل‌خوانی ندید

■

به نام خدا خسته‌ام دوستان
به جان شما خسته‌ام دوستان
ز پا تا به سر... یا به شکل دگر!
به دیگر بیان خسته‌ام دوستان
هیاهو هیاهو هیاهو، سکوت
صدا بی‌صدا خسته‌ام دوستان...
ز اصوات تخدیر عهد عتیق
ز هین! و هلا! خسته‌ام دوستان
و هم از غزل‌های ریمل‌زده
ز شعر اِوا خسته‌ام دوستان
ز فاضل‌نمایی به سبک جدید

لذا... هکذا... خسته‌ام دوستان

شاعری هم عقدهٔ دل وا نکرد
کُشت ما را این معمای درشت
شاعران راست‌قامت مفلس‌اند
مرحبا بر شاعران گوژپشت!

انقلاب اسلامی، به اقتضای ماهیت فرهنگی و اعتقادی‌اش، سرآغاز تحولاتی بنیادین در عرصهٔ فرهنگ و اخلاق و نگرش‌هاست. بر این اساس، شاعران انقلاب قدرت بیان و سحر شعر را در راه ستیز با ناهنجاری‌های فرهنگی و ناراستی‌های اخلاقی به کار بسته‌اند.

ناراستی و تزویر اگر در شرایط متلاطم انقلاب و میدان‌های نبرد چندان مجال بروز نمی‌یابد، در روزگار آرامش و تقسیم غنایم و مناصبْ تزویر و دگرنمایی سلاح کارآمد اهل دنیاست و در همین هنگامهٔ جهاد اکبر (ستیز با نفس و شیاطین درونی) است که کارآیی کلام طنز برای شناسایی و معرفی دشمنان پنهان در نفس‌های ناپیراسته نمایان می‌شود و سید حسن حسینی، همان‌گونه که در سال‌های انقلاب و جنگ با دشمنان آشکار و رویاروی انقلاب اسلامی کلام نافذ و اشعار تأثیرگذار خویش را به مثابهٔ سلاحی کارآمد در میدان نبرد به کار بست، در هنگامهٔ جهاد اکبر نیز خاموش ننشست و حاصل جست‌وجوگری‌ها و کشف‌های خویش را در کلام ستیزه‌گر و آشتی‌ناپذیرش به رزم‌آوران پیکار با وساوس شیطانی عرضه کرد و این البته برای همگان خوشایند نبود.

بر مردم و روزگار بد می‌خندید
در آینه‌خانهٔ ابد می‌خندید

ماتم‌زده بود باغ و آن غنچهٔ راز
می‌رفت ولی سبد سبد می‌خندید

منابع
حسینی، سید حسن، سفرنامهٔ گردباد، تهران: انجمن شاعران ایران، ۱۳۸۶.
زرویی نصرآباد، ابوالفضل (۱۳۷۴)، طنز و انتقاد در ادبیات بعد از انقلاب اسلامی، رسالهٔ کارشناسی ارشد ادبیات فارسی، تهران.

فستيوال خنجر

جیره‌بندی

گل بماند، خار را هم جیره‌بندی کرده‌اند
بلبلان، منقار را هم جیره‌بندی کرده‌اند
باغ ما کم‌خونی گل دارد و فقر نگاه
نرگس بیمار را هم جیره‌بندی کرده‌اند
خیل منصوران اناالحق‌زن به بازار سیاه!
دارِ لاکردار را هم جیره‌بندی کرده‌اند
آتش زرتشت بر انگشتِ یاران کرد پشت
شعلهٔ سیگار را هم جیره‌بندی کرده‌اند
جوخه‌های جهل بیدارند و آگاهی به خواب
مردمِ هشیار را هم جیره‌بندی کرده‌اند

طوق دنیا گردن گردنکشان را زیور است
این خران افسار را هم جیره‌بندی کرده‌اند
تیغ عریان می‌زند خورشید غم از بام و در
سایهٔ دیوار را هم جیره‌بندی کرده‌اند!
نیست خیل شاعران را دست‌آویز خیال
گیسوی دلدار را هم جیره‌بندی کرده‌اند!
اشک هم می‌لنگد و از دیده بیرون می‌زند!
لغزش هموار را هم جیره‌بندی کرده‌اند!
تا شود خوی چپاول قسمت ابنای دهر
خصلتِ تاتار را هم جیره‌بندی کرده‌اند
بی‌مرامی در بساط کفر و دین آتش زده‌ست
سُبحه و زنّار را هم جیره‌بندی کرده‌اند
بادِ سردی هم نصیب مردم مأیوس نیست
آهِ بی‌مقدار را هم جیره‌بندی کرده‌اند!

■

پاچهٔ شلوار شعرم رفت از یاد عسس
چون سگانِ هار را هم جیره‌بندی کرده‌اند!

مردان بزرگ

چون زبردست‌اند مردان بزرگ
جاودان مست‌اند مردان بزرگ
کم بگو از قصهٔ قحط‌الرجال
دائماً هستند مردان بزرگ
ناامیدی هر کجا لب باز کرد
شیشکی بستند مردان بزرگ!
گرچه بلعیدستشان کام خطر
از خطر جستند مردان بزرگ
بی‌خدایان و حقیران را بگو
با خدا هستند مردان بزرگ

گردن و دندان و بازوشان شکست
عهد نشکستند مردان بزرگ
پشت پاشان زد زمان اما ز پا
هیچ ننشستند مردان بزرگ
توی چشمِ هفت‌خطان زمان
حرکت شستَ‌اند مردان بزرگ!

آرزو

چه می‌شد آنکه عالم خانهٔ اوست
به ما بی‌سرپناهان خانه می‌داد
هرازچندی خماران خودش را
بدون های و هو پیمانه می‌داد
به دل‌هایی که مخروب‌اند و بی‌عشق
نشان گنج در ویرانه می‌داد
به خیل غنچه‌های بی‌تحرک
به قصد گل شدن پروانه می‌داد
به بلبل‌های خوش‌خوان گرسنه
کمی هم آبرو با دانه می‌داد

به نیمادوستانِ مانده در راه
توان گفتنِ افسانه می‌داد
به چشمِ زلفِ پُرآشوبِ عالم
نشانِ ردِّپای شانه می‌داد
چه می‌شد ـ وای ـ اگر یک روز دولت
به عشاقِ جوان یارانه می‌داد

شهریور ۱۳۸۲

بازگشت

حرفم این بود: کمی مانده به پرچین برگرد!
باغ من پُر شده از جن و شیاطین برگرد!
اَخم و تَخم و غم دنیا و سپس اشک غلیظ
گفته بودم به تو انگار که از دین برگرد!
من به سبک قدما ضجه زدم: هان منشین!
پشت‌بندش به همان لحن متین: هین برگرد!
غرضم ـ بی‌غرض ـ این بود: عزیز دلِ من
بی‌خیال گله و تکه و توهین برگرد!
من کمی پیر برای تو و افکار توأم
به مدرنیسم، به رایانه و ماشین برگرد!

به خدا دست خودم نیست اگر پابندم
به وفا و منش و مسلک و آیین برگرد!
زنده باد عشقم و در «عشق» ندارم هنری
از من انگار که از مجلس تدفین برگرد!
از زبان غزلِ کهنه شدم غرق عرق
به غزل‌های معطّر به «بهامین» برگرد!
دوست داری بشوی پیشرو شعر نوین؟
تف بینداز به تصویر و مضامین برگرد!

■

حرفم این بود و تا بیخ ابد خواهد بود
که از این درد کهن‌سال چو تسکین برگرد!
وقت رفتن شده و باز تو خشکت زده است
زود برخیز و از این حومهٔ غمگین برگرد!
از سبکباری این ثانیه‌ها یاد بگیر
دست بردار از این ساعت سنگین برگرد!
من عقب‌ماندهٔ پیچیدگی نسل خودم
نعره باید بزنم؟ ساده‌تر از این؟ برگرد!

فستیوال خنجر

گرچه ناآگاه خنجر می‌زنند
دوستان هم گاه خنجر می‌زنند
گاه بهر مالْ اشباهُ‌الرِّجال
گاه بهر جاه خنجر می‌زنند
روز روشن خیل شاعرپیشگان
با هلالِ ماه خنجر می‌زنند
بانوانِ دل‌نازک و بی‌طاقت‌اند
با کمی اکراه خنجر می‌زنند!
پیروان حکمتِ خیرالامور
در میان راه خنجر می‌زنند

دودمردان در تکاپوی علف
یا که مشتی کاه خنجر می‌زنند
رستمانِ نشئه در خان نخست
بیژنان در چاه خنجر می‌زنند
مؤمنان آیینهٔ یکدیگرند
لیک... اما... آه! خنجر می‌زنند
غمگنان هق‌هق‌کنان و سرخوشان
قاه اندر قاه خنجر می‌زنند
عارفان هم گاه‌گاه از پشت سر
فی‌سبیل‌الله خنجر می‌زنند

ای برادر، بد به دل وارد نکن
در زمان شاه خنجر می‌زنند!

۱۳۶۹/۱۱/۱۷

ردای

عشق یعنی لباس روح و روان
عشق کوتاه بدترین رخت است
یار ما بی‌خیالِ خاطر ماست
بی‌خیالان خیالشان تخت است
ساده می‌گیرد و نمی‌داند
دور از او زندگی به ما سخت است
یار ما گاه هست و گاهی نیست
عاشق پاره‌وقت بدبخت است!

۱۳۷۲/۹/۲

دیوارهای صوتی

سینه‌ها از خامشی انبارهای صوتی است
بر زبان‌ها بار اما بارهای صوتی است
نعره در دهلیز تودرتوی دوران می‌زنیم
پاسخ فریاد ما تکرارهای صوتی است
دوستان پُرهیاهو سدّ راه ما شدند
جان ما سرخوردۀ دیوارهای صوتی است
شهر دل ویرانه شد از ایلغار واعظان
هر طرف جولانگه تاتارهای صوتی است!
نیش خویشان زهر در کار عروقم می‌کند
تحفۀ زخم زبان از مارهای صوتی است

حرف حق پهلو به فرجام «اناالحق» می‌زند
در زمان ما زبان از دارهای صوتی است
قحطی یاران یکرنگ است در روز عمل
تا دلت خواهد فراوان یارهای صوتی است
چاپلوسان و هیاهوپیشگان بر مسندند
تا ملاک همدلی معیارهای صوتی است
در صدای خویش محبوس است مرغ خوش‌نوا
میله‌های این قفس از تارهای صوتی است
جنس کردار است کاسه زانکه بازار زمان
یکسره در قبضهٔ سمسارهای صوتی است
با سکوت محض کاری کن که در این روزگار
بی‌صدایی گونه‌ای از کارهای صوتی است

۱۳۷۲/ ۱۰/ ۲۲

الفاتحه

گرچه شور شعر بالا رفته است
شعرهای این زمان وا رفته است
شاعری با کاسبی هم‌کاسه شد
شعر هم در خط کالا رفته است
موج اول، موج دوم، موج ناب
موج تا اوج ثریا رفته است
شعر آبی، شعر نیلی، شعر زرد
تا کبودِ هر معمّا رفته است!
شعر می‌گویند مسئولان ما
توی کفش شاعران پا رفته است

آبروی شعرْ چندین سال پیش
هان! مپنداری که حالا رفته است
آبکی گردیده از بس شعرها
آبروی هر چه دریا رفته است
با ردیف «لا» اگر گویی غزل
توی جیب شاخ اِلّا رفته است
الغرض، این نکته بشنو بی‌غرض
شعر خوب از دار دنیا رفته است
مادرِ طبع گُهَرزای همه
بر سر زا بر سر زا رفته است!
باورت گر نیست شعرم را بخوان
این سند از خامهٔ ما رفته است

۱۳۶۹/۱۱/۲۰

تعریف غزل

غزل چیزی به‌جز شور ازل نیست
اگر شوری ندارد، پس غزل نیست
نمی‌گویم تماماً عشقِ حق است
تهی از عشق او عزّوجل نیست
گُلش پژمرده می‌گردد به‌سرعت
نسیمش گر ز باغ لم یزل نیست
غزل جان دارد و جاندار طبعاً
معاف از حکم محتوم اجل نیست
ولیکن مرگ دیر و زود دارد
از این مشهورتر ضرب‌المثل نیست

شدیداً این سخن باشد بدیهی
سر پُرمو مساوی با کچل نیست!
کچل یعنی غزل‌های جوان‌مرگ
جوان‌مرگی یقیناً بی‌علل نیست
تن و جان غزل‌های جوان‌مرگ
به دقت گر ببینی بی‌خلل نیست
نمی‌یابی غزل‌هایی از این دست
که مضمونش چلاق و لفظ شل نیست
نصیب شاعر شعر جوان‌مرگ
به غیر از نامرادی و فَشَل نیست
مرا با شاعران این چنینی
اگرچه قصد دعوا و جدل نیست
ولی باید بگویم شعر این قوم
تهی از چشم‌بندی و دغل نیست
همین‌ها شعر خود را می‌پرستند
که مجنونانه‌تر از این عمل نیست
دو مصراعی که این‌ها می‌نویسند
یکی جز لات و دیگر جز هُبل نیست

مجازی و حقیقی هر دو خوب‌اند
منافاتی بصل را با عسل نیست
همان‌گونه که در عشق حقیقی
سخن اثبات ذات بی‌بدل نیست
اصولاً شعر هر شکلی که باشد

بنایش بر کلام مستدل نیست
نفس‌گیر است شعر خالی از اوج
هوای پاک اِلّا در قلل نیست
نصیحت در غزل جایی ندارد
غزل جای خروس بی‌محل نیست
غزل باید صمیمی باشد، اما
صمیمیت کلام مبتذل نیست
مگو «یالیتنی کنتُ صمیمی!»
مدار شعر بر لیت و لعل نیست
صمیمی یعنی آن عاشق که در شهر
چو مجنون بچه‌آهو در بغل نیست
صمیمی چون نشیند در اتوبوس
خیالش در بیابان با جَمَل نیست
بهاری گر نمی‌بیند، نگوید
چرا خورشید در برج حمل نیست
ولی از این طرف شعرش لبالب
ز الفاظی چو علّاف و مچل نیست
نشان تازه‌گویی در کلامش
کلنگ و بیل و ساطور و دکل نیست
صمیمی گو ندارد عشق لاتی
صمیمیْ شاعرِ باباشمل نیست

چه گویم شاعری محصول طبع است
غزل محتاج دستورالعمل نیست

۱۳۷۲/۱۰/۹

نغمه روز

صورت عاطفه‌ها سنگی شد
سینهٔ آینه دلتنگی شد
دل هر ساز خوش‌آواز شکست
نغمهٔ روز بدآهنگی شد
شعر ـ این پهنهٔ رنگین خیال ـ
عرصهٔ طایفه بنگی شد
مدح و لفاظی و ترفند و ریا
حرفهٔ شاعر مافنگی شد!
رفت از یاد ره و رسم سلوک
پای ما دستخوش لنگی شد

پای تا سر شکمان شاد شدند
قسمت ما غم و دلتنگی شد
مُرد مردی و شرف، زنده ز نو
رسم نامردی و الدنگی شد
هر که از حق و حقیقت دم زد
بهره‌اش سیلی و اُردنگی شد
هر کجا غنچهٔ فرهنگ شکفت
نام آن هجمهٔ فرهنگی شد!
ناهماهنگی و ناهنجاری
شهره هر جا به هماهنگی شد!

۱۳۷۲/۹/۱۳

دوستی

این گروه دوستان هفت‌خط
گاه سوی پرتگاهم می‌برند
در خیال خامشان من کودکم
دست می‌گیرند و راهم می‌برند
گاه در گودال چالم می‌کنند
گاه بالاتر ز ماهم می‌برند
گر زیان بینم ز فعل اشتباه،
سودها از اشتباهم می‌برند
چون رگ تقوایشان گل می‌کند
تحفه بر هم از گناهم می‌برند

در پناه نام من نان می‌خورند
شعله در کشت و گیاهم می‌برند
خویش را آیینه می‌دانند و باز
رشک‌ها بر دود آهم می‌برند
مثل یک آهنگ ناموزون ولی
نام پیش دستگاهم می‌برند
درددل‌های مرا جاسوس‌وار
پیش خصم کینه‌خواهم می‌برند

گاه‌گاهی نان اگر رخصت دهد
زیر لب نامی ز ما هم می‌برند!
یا گذارَندم به سر ناگه کلاه
یا که ناغافل کلاهم می‌برند

در نگاهم یک جهان دشنام هست
پی به مفهوم نگاهم می‌برند؟!

دلبر خیالی

چای و شیرینی به روی چهره داشت
گردی سینی به روی چهره داشت
از تنور لب برای گُشنگان
نان ماشینی به روی چهره داشت
دردمندان را شفا می‌داد زود
طب بالینی به روی چهره داشت
با خطوط ابروان چون غبار
خط تزئینی به روی چهره داشت
چشم‌هایش ناکسان را می‌گرفت
گشت تأمینی به روی چهره داشت

پوستش مرغوب و شفاف و لطیف
پردهٔ چینی به روی چهره داشت
گرچه اهل حکمت و بینش نبود
یک جهان‌بینی به روی چهره داشت

۶۹/۱۱/۱۷

دوستی‌های امروز

دوستانِ دورنگ امروزی
با تو دائم زنند... لاسِ نیاز
پاسی احوال‌پرسی‌اَت دارند
در زمینِ زمان به پاس نیاز
فصل سختی کنارِ خرمن تو
کیسهٔ خواهش‌اند و داس نیاز
التماس دعای ایشان نیست
ای برادر، جز التماسِ نیاز
تو سلیمان شوی و اَیشان مور
چون بیفتند توی طاس نیاز

در برت همچو پیرهن بکشند
تنگشان گردد ار لباس نیاز
موقع احتیاج درویش‌اند
همنشین با تو در پلاس نیاز
آب‌ها چون ز آسیا افتاد
متوقف چو شد خَراس نیاز -
دانه‌دانه روانه می‌گردند
خاطر آسوده از هراس نیاز
زنگِ تعطیل دوستی بزنند
چون به پایان رسد کلاس نیاز
تا کجا باز متصل گردد
خط طولانی تماسِ نیاز

خانه‌ای از اساس ویران است
دوستی‌های بر اساس نیاز!

۱۳۷۵/۳/۹

زرد و آبی

گر شود خورشید ناگه ناپدید
تیرگی‌ها آفتابی می‌شوند
سیب‌های سرخ ارزش بعد از آن
زردرو مثل گلابی می‌شوند
ناکسان با دادن حق حساب
ناگهان آدم حسابی می‌شوند
دردمندان اشک حسرت در نگاه
سرپرست کشک سابی می‌شوند
می‌شود صنف کبابی پرفسور
پرفسورها هم کبابی می‌شوند

قلب‌های عاری از نیرنگ و رنگ
راه‌راه زرد و آبی می‌شوند!
رنگ از روی صداقت می‌پرد
حرف‌ها لفت و لعابی می‌شوند
«ای برادر»های سالم کم‌کمک
«حضرت عالی‌جناب»ی می‌شوند!
در چنین وضعی سؤالات سلیم
ریشخند بی‌جوابی می‌شوند
انقلابی گر بگردد منحرف
منحرف‌ها انقلابی می‌شوند!

فن طباق

لطفاً از دیدنم بپرهیزید
نگرانم من از نگاه شما
یوسف شعر ما مقنّی شد
به عزیزی رسید چاه شما!
اصل چون بر مدار همیاری‌ست
توبه کردم من از گناه شما
طبق فن طباق می‌ریزد
اشک من روی قاه‌قاه شما!
کی کلاه شما سر ما رفت؟
سر ما رفت در کلاه شما!

دلم از تیرگی منوّر شد
مثل خورشید روی ماه شما
گوش یکرنگی‌ام فروبسته‌ست
بر هیاهوی راه‌راه شما
عابرم، چارقم بیابانی‌ست
می‌گریزم ز شاهراه شما
نغمه‌ای گوشه‌گیر و محزونم
خارج از شور دستگاه شما
روز و شب موریانهٔ شعرم
می‌خورد چوب اشتباه شما

مهرِ صبحگاهی

ما قلندر مسلکان روزگار
رو به درگاه الهی می‌نهیم
تیغ همت بر گلوگاه هوس
یوغ ایمان بر تباهی می‌نهیم
دست رد بر سینهٔ دنیای دون
پا به فرقِ تاج شاهی می‌نهیم
هر کسی بر سر کلاهی می‌نهد
ما کلاه بی‌کلاهی می‌نهیم
دل به منکرها نمی‌بندیم و داغ
بر جگرگاه مناهی می‌نهیم
بر جبین شامگاه زندگی
مُهرِ مهر صبحگاهی می‌نهیم

عید توخالی

باز آمدی از راه، ای عید توخالی
آتش بگیری کاش! ای رسم پوشالی!

منظورت آخر چیست از صحنه‌سازی‌ها
دیدارهای پوچ، این خاله‌بازی‌ها!

بشقاب پُرسبزه، ترتیزک و کوزه
یا حاصل دزدی، یا قرض و دریوزه

آخر ته دل‌ها جز غم چه می‌بینی
لعنت بر این آجیل، نفرین به شیرینی!

ای عید لامذهب، ای نکبت بی‌دین
ای عیدی شومت غم‌های فروردین

آغاز بدبختی پایان این سی روز
در دست محرومان... عمو نوروز

۱۳۷۹/۱/۴

مخلوقات

الامان از کلف مخلوقات
بی‌نظام است صف مخلوقات
چرخ را برد به سرگیجه ز راه
بانگ شور و شعف مخلوقات
هستی عاریه در آخور دهر
نیست غیر از علف مخلوقات
جز هیاهوی عبث کوک نکرد
نای تنبور و دف مخلوقات
رفت بر باد فنا در یم وهم
آبروی صدف مخلوقات

زیر خورشید تغافل خشکید
ذرهٔ بی‌هدف مخلوقات
رفت چون رنگ ز تصویر وجود
زندگانی ز کف مخلوقات
می‌رود چون سلف خویش به باد
زادهٔ ناخلف مخلوقات
حیف از آن مایهٔ هستی که نمود
دست خلقت تلف مخلوقات
تهمتی بود به خالق این سان
بندگی از طرف مخلوقات
آدمی چیست؟ بگو بی‌پروا
اشرف بی‌شرف مخلوقات

بهمن ۱۳۶۳

غلط لاعلاج

در محیط اداره پخش و پلا
بی‌حیا چون زنان هر جایی‌ست
روی نحسش به دفتر خلقت
غلط لاعلاج انشائی‌ست
می‌چرد چشم حیز او دائم
هر کجا منظری تماشایی‌ست
ریش قلابی ریارنگش
جزو ابزار صحنه‌آرایی‌ست
دیدن چهره‌اش به هر صورت
ظلم فاحش به حس بینایی‌ست

دردمندی

خداوندا، دلم کانون درده
که با من دشمنه هر کس که مرده
ببین کز ترس دانشجو و استاد
کمربند سیاهم زرده زرده!

تشویق

این حرکت آخر شما عالی بود
زیبندهٔ اوباشی و دلالی بود
حجم دلتان چو چاه مبرز لبریز
زنبیل شما چو مغزتان خالی بود

پیری

تا غنچهٔ تو دوباره خندان شده است
زیبایی تو هزار چندان شده است
اکنون که نمانده در دهانم دندان
افسوس! لب تو باب دندان شده است

رابطه

آن قوم که شهره در ظلومی شده‌اند
از ره نرسیده خویش و بومی شده‌اند
از روزنهٔ رابطه‌های مخصوص
مسئول روابط عمومی شده‌اند

روز روشن

چارپایانی که در خاک عبث سم می‌زنند
صورت خمیازه را رنگ تبسم می‌زنند
شب ز دیوان خلایق بی‌امان کش می‌روند
روز روشن توی گوش شعر مردم می‌زنند

تماشای بهار

ای بی‌خبر از پیام و معنای بهار
امروز لگد زدی به فردای بهار
سبک تو خزانی است یعنی عملاً
ر...ی به طراوت «تماشای بهار»

وعظ

وقتی گذر شکم به نان می‌افتد
ایمانِ زمین و آسمان می‌افتد
زاهد، به گرسنه وعظِ ایمان مفروش
اینجاست که تن به جانِ جان می‌افتد

ناگفتنی

نه عقل تو را کز کم و بیشت گویم
نه مهر تو را که یار خویشت گویم
نه ذوق که از هنر تو را پند دهم
نه ریش تو را که تف به ریشت گویم

زنهار

زنهار که «من» سد عبورت نشود
این فتنه بلای شعر و شورت نشود
شمشیر فروتنی بزن، ایرج جان،
باشد که غرورْ سلم و تورت نشود

قحطی

ای قصهٔ لفظ و ماتم معنایت
لب‌تشنهٔ شعر دیدهٔ بینایت
یک ذره اگر شمس نشانم بدهی،
من عرضه کنم هزار مولانایت

چشمان شفاف

گر چین و چروک روح ما صاف شود،
غم پر بکشد روانهٔ قاف شود
این موضع مبهمی که دل‌ها دارند
چون موضع چشمان تو شفاف شوند

آتش شعله‌ور

چون رسم زمانه غیر بی‌شرمی نیست
هنگامهٔ لطف و چرخش و نرمی نیست
این آتش شعله‌ور که در کام من است
از عمق دل است، نقلِ سرگرمی نیست

خنیا گری

بر فرع تنیدگان اصولی شده‌اند
سر نیزهٔ جوخهٔ ملولی شده‌اند
از حلقِ حسین عشق خون می‌نوشند
خنیاگر میخانهٔ خولی شده‌اند

پیری

ای زلف، غرور پیچ‌پیچ تو چه شد
ای موی میان جلوه هیچ تو چه شد
در کوی قدیمی ستون فقرات
ای مهرهٔ لق، بگو که پیچ تو چه شد

تقابل

در معرکه چون دو «من» مقابل افتند
گل‌ها ز فراز شاخه بر گِل افتند
«حق»، مثل شهید، بر زمین می‌غلتند
آنجا که به جان هم دو باطل افتند

رنگ و نور

سنگی‌ست که بر بال و پر من خورده‌ست
رنگی‌ست به روی دفتر من خورده‌ست
این ریزش مو نیست، عزیزم، نور است
تابیده و بر فرقِ سرِ من خورده‌ست

ادعا

این قوم که بر طبل هیاهو زده‌اند
زندانی خویش‌اند و دم از «او» زده‌اند
هان! بر سر پا مبینشان کز سر عجز
دیری‌ست که پیش غیر زانو زده‌اند

زخمی

این دل ز امید و بیم هم خنجر خورد
حتی ز گل و نسیم هم خنجر خورد
صد مرتبه زوبین زرش زخمی کرد
این بار ز دستِ «سیم» هم خنجر خورد

تماس

با آن همه حرف گفتنی لال شدیم
مانند پرنده‌های بی‌بال شدیم
هر بار که این شماره‌گیرِ دل‌ها
چرخید دچار بوقِ اشغال شدیم

بی‌خیالی

در کوچهٔ غم به تاب و تب خورد دلم
با سر به ستونی از غضب خورد دلم
می‌خواست که بی‌خیال عالم باشد
هیهات! که باز هم رکب خورد دلم

حزب کذب

با اینکه برای حق لگدکوب شدم
همواره به حزب کذب منسوب شدم
آغوش به سوی عشق وا کردم و باز
از پنجره‌های بسته محسوب شدم

هش دار

زنهار برادرا! که خامت نکنند
با وسوسه رخنه در مرامت نکنند
این مدعیان غلام خصم‌اند همه
هش دار که چون خویش غلامت نکنند

ادعا

این مدعیان که در خروش‌اند همه
تاجرصفت و وطن‌فروش‌اند همه
تاریخ وطن به گوش ما می‌خوانند
این قوم دنی حلقه به گوش‌اند همه

بها

آن کس که به نام «حق» وفادار بُوَد
داند که بهای این وفا «دار» بود
کوتاه سخن که از گلستان وجود
یک گل نتوان چید که بی خار بود

آلودگی

از حرص دچار وهمناکی شده‌ایم
آغشته به خون هر چه پاکی شده‌ایم
آیینهٔ آسمان غبارآلود است
بدجور شبیه کرم خاکی شده‌ایم

نوآوری

با رخصت و بی‌اجازه خنجر خوردیم
از زنده و از جنازه خنجر خوردیم
چون رسم هنر همیشه نوآوری است
از زاویه‌های تازه خنجر خوردیم

مسئله چیست

ضربه‌های کاغذی
گیجم کرده
ویجم کرده
نگران حضور بیگانه
در خلیجم کرده
ـ اغراق نیست اگر بگویم تا حدودی افلیجم کرده ـ
بازشماری آرا
ضربه با قطرات شبنم
ـ بر سطح نامطلوب صخره‌هایی از جنس خارا ـ
آهای ملت! کجا می‌روی

ـ یعنی، ها را؟! ـ
فراتر از گلیم خود ـ یعنی خواستهٔ من ـ
نهاده‌ای پا را!
لری بگویم:
دست‌کمِ گرفته‌ای ما را!

گرد هم آوردن نیروهای خودی
رنگ جگری یا مشکی یا نخودی
مسئله این نیست!
باید پیکی یافت
کلاغی، کرکسی، هدهدی
مواجهیم با کمبود شدید «آب»
روی این مسئله باید حساب کرد، حساب!
باید کلّه‌ای را مجاب کرد
باید پیکی یافت ـ و یک دست کلاه کشی بافت ـ
غم نیست
حول و حوش گلوبندک
پیک موتوری کم نیست

«میان آسمان و زمین»

شرکت بازرگانی تکاثر
تفسیر سورهٔ کوثر
شاهین یاشار کمال
بر شانهٔ نشر نی‌لبک

عقب افتادن تاچر
فریاد تاجرهای نیمه‌شب
ظهور سلمان رشدی
بر شانه‌های بریتانیای کبیر
ناجنسی در خمیره
گناهان کبیره
کرمی خوش‌ذوق ـ با لهجهٔ انگلیسی ـ
یله در تنگنای شفیره
وقتی که دوست
میان آسمان و خاک
طرفِ «زمین» را می‌گیرد!

اول شما بفرمایید

نشتر بر دملی دوستانه
که شمال شرقی شعرهای تو را
هپلی‌هپو می‌کند
شایعه‌هایی که در حوالی شعر می‌پلکند
در شعر هم
تعارف
می‌کنند
اول شما بفرمایید
بعد ما هم پشت‌سرتان
ابتکار می‌کنیم!

فتوکپی از کارت پایان خدمت
گواهینامهٔ رانندگی
دفترچهٔ بسیج
دفتر شعر
عکس برقی در یک ساعت
در عصر اتم
دستگاه‌های زیراکس هم ذوق می‌ورزند
زیراکس با پیشرفت علم
مخالفتی ندارد!

از اشک تو
از بغضت که ناترکیده مانده است
از لبخندت
از هق هقت
از سرفه و عطسهٔ تو
فتوکپی می‌گیرند
مخلوطی از هومر
ظهیر فاریابی
یدالله رؤیایی
و مرحوم رنجی
چه شایگان گنجی!

شعر را از تو می‌شنوند
تأثیر را از رؤیایی و مرحوم رنجی می‌گیرند!

شاعری را می‌شناسم
که با دیوان حافظ فال می‌گیرد
و از دیوان دیگران
انفال!
سه کس را شنیدم
غنیمت رواست
تقدیم به دستگاه زیراکسی که
ذوق هم می‌ورزد و
شعار جاودانه‌اش
نه شرقی، نه غربی، انسانی است!
در باغ‌ها، شقایق دودی
خشخاش را محاکمه می‌کرد!
رباعی تو را می‌شنود
و از ایلیاد هومر تأثیر می‌پذیرد!
هامی و کامی دست در دست هم
در مورد ادبیات داستانی انقلاب
نظر می‌دهند!

آن‌ها

آن‌ها گاهی فکر کرده‌اند: خورشید شب‌ها به مدرسه نمی‌رود
و ستاره‌ها در روز غیبت کرده‌اند
آن‌ها فکر می‌کنند: اگر پرده‌ها را بکشند،
آفتاب تمام می‌شود
و سکوت
جوراب پشت و رو شدهٔ صداهاست!
آن‌ها گاه، سلام به آدم‌ها یادشان می‌رود
اما ممکن است
به سگی که به سمت آن‌ها می‌رود
از سر ترس

سلام کنند
وقتی نماز می‌خوانند
خیال می‌کنند جیبشان پُر از خدا شده است
فکر می‌کنند
اگر گوش‌هایشان را بگیرند
زبان دیگران
لال می‌شود
اگر از ته دل خبر بگیری،
انسان‌ها را اسباب‌بازی خدا می‌دانند
و عرش را
مهدکودکِ فرشته‌ها!
با اشتها غذا می‌خورند
اما در همان حال
دلشان برای لقمه‌ها می‌سوزد!
در باغ‌وحش
وقتی سوار فیل کرایه‌ای هستند
قیافهٔ آن‌ها واقعاً دیدنی است!
ترس و وحشت به علاوهٔ احساس غروری که هر لحظه
ممکن است
باد آن را ببرد!
دلشان برای تنهایی بزها و گوسفندها می‌سوزد
ولی دوست دارند
بیشتر دربارهٔ خرس‌ها و گرازها حرف بزنند!
وقتی روی یک وجب جا ـ زینِ سه‌چرخه‌ای ـ می‌نشینند

احساس می‌کنند تمام دنیا گاوی است
که شاخ‌هایش در تملک ایشان است!
پیکاسو را نمی‌شناسند
اما از شرکت در بازی‌های خود محرومش نمی‌کنند
شیرینی را دوست دارند
شکلات را برای خودشان می‌خواهند
و خوشه‌های غوره و تمر هندی را
بزرگوارانه و با رندی به شما می‌بخشند
جهلشان مایهٔ شجاعت و جسارت آن‌هاست
اگر دیدید سر مار زنده‌ای را در کاسهٔ ماست یا خامه
فرو می‌برند و می‌لیسند،
تعجب نکنید!
حرف زدن را از تو یاد می‌گیرند
اما هر آینه احتمال دارد
تو را به خر و اسب تشبیه کنند
بر گردهٔ عزیزترین کسان می‌نشینند
و به عزم مقصدی نامعلوم می‌تازند
عقربه‌های ساعت را با انگشت می‌چرخانند
و از تنبلی آفتاب
کلافه می‌شوند
اغلب ساعت برای آن‌ها
یک ربع به همیشه
یا فردا و نیم ساعت است!
یک جملهٔ حسابی نمی‌توانند بسازند

اما میل به حرف زدن در آن‌ها شدید است
گاهی وسط حرف زدن خودشان
خوابشان می‌برد!
به همان اندازه که شنیدنِ قصه را دوست دارند
عاشق قصه گفتن برای دیگران هستند
لباس‌های گشاد بر تن خود را
متهم به پُرخوری می‌کنند
چون اعتقاد دارند
که همه چیز باید
اندازهٔ آن‌ها باشد!
بعضی وقت‌ها
دلشان شور می‌زند
مبادا تا آن‌ها بزرگ شوند، دنیا به آخر برسد!
بی‌تاج و تخت
فرمانروایی می‌کنند
و با اشارهٔ انگشتشان
تو باید بر زمین بیفتی و بمیری
و به یاد داشته باشی که:
مرده هرگز حرف نمی‌زند!
به تعداد پنجره‌های خانه
خورشید دارند
و از اینکه در شب‌های مهتابی
ماه آن‌ها را در اتوبوس یا تاکسی تعقیب می‌کند
متعجب می‌شوند

انگار با همهٔ حشرات عالم دوست‌اند
اگر بگویی پشه نیشم زده است،
می‌پرسند: کدام پشه؟
اگر به آن‌ها بگویی که چند پیراهن
بیشتر از آن‌ها پاره کرده‌ای،
بر عقل نارسای تو می‌خندند
و به شگفت می‌آیند که کسی از کار بدی که کرده با افتخار
سخن می‌گوید!
از خودشان می‌پرسند:
در جشن تولد شمع‌ها چه باید روشن کرد!
اگر از خانوادهٔ هزارپاها چیزی بشنوند
مشکل تهیهٔ کفش و جوراب در این خانواده
چهره‌هایشان را در هم فرومی‌برد
تذکرات معلم بهداشت را به یاد می‌آورند
و از راهنما در باغ‌وحش می‌پرسند
چرا شیرها و عقاب‌ها ناخن‌هایشان را نمی‌گیرند؟!
گاه با هم
بر سر تصرف درشت‌ترین گل قالی
دعوا می‌کنند
و گاه سعی می‌کنند
بستنی چوبی خود را
به عکسِ مادربزرگ ـ که در قاب کهنه‌ای خفته است ـ
تعارف کنند!
در زمستان

همیشه نگران سرما خوردن ماهی‌ها هستند!
و در روستا
دوست دارند
به تراکتوری که سرفه می‌کند
شربت سینه بدهند!
اگر بشنوند «برق رفته است»،
می‌پرسند: کجا؟
و بعضی اوقات فکر می‌کنند ادیسون در حفرهٔ کلیدهای برق زندگی می‌کند.

The Festival Of The Dagger
Dr.Seyyed Hassan Hosseini

By

Esmaeel Amini

2015